PLANETA ANIMAL

EL CABALLITO DE MAR

POR VALERIE BODDEN

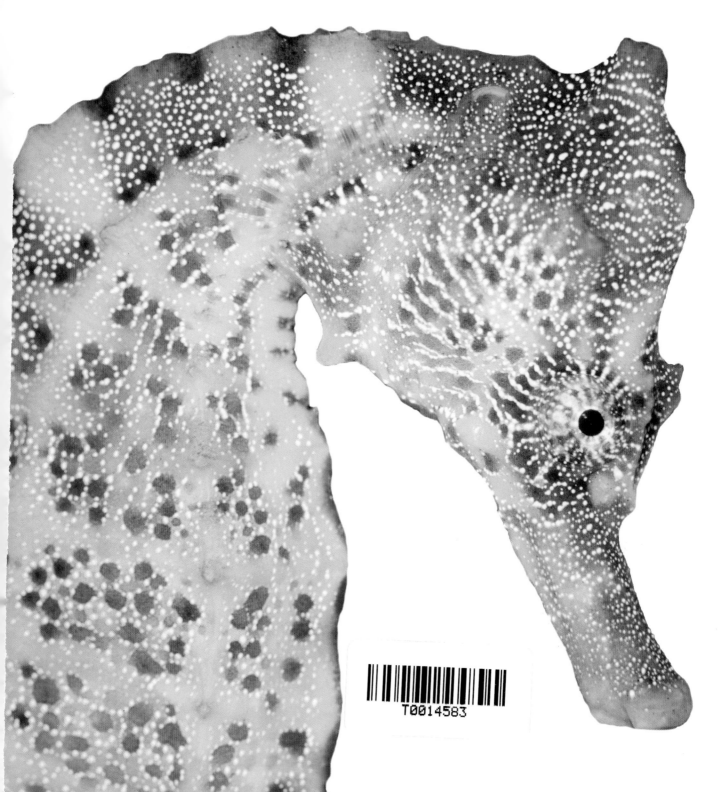

T0014583

CREATIVE EDUCATION • CREATIVE PAPERBACKS

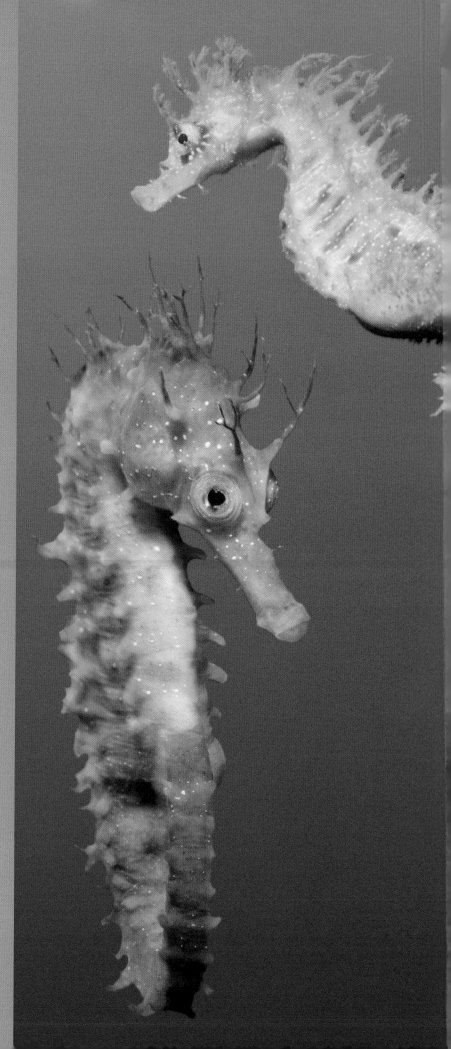

Publicado por Creative Education
y Creative Paperbacks
P.O. Box 227, Mankato, Minnesota 56002
Creative Education y Creative Paperbacks son marcas
editoriales de The Creative Company
www.thecreativecompany.us

Diseño de The Design Lab
Producción de Rachel Klimpel
Dirección de arte de Rita Marshall
Traducción de TRAVOD, www.travod.com

Fotografías de Alamy (Mark Conlin, Reinhard Dirscherl,
Photononstop), Dreamstime (Wrangel, Joanna Zopoth Lipiejko),
Getty (art-design-photography.com, Georgette Douwma,
ullstein bild), iStock (DaddyNewt, IMNATURE, jordieasy),
Minden Pictures (Alex Mustard/2020VISION, Shane Gross,
Tony Wu), Wikimedia Commons (Adriana Zingone, Domenico
D'Alelio, Maria Grazia Mazzocchi, Marina Montresor, Diana
Sarno, LTER-MC team)

Library of Congress Cataloging-in-Publication Data
Names: Bodden, Valerie, author.
Title: El cabellito de mar / Valerie Bodden.
Other titles: Seahorses. Spanish
Description: Mankato, Minnesota : Creative Education and
Creative Paperbacks, [2023] | Series: Planeta Animal |
Includes bibliographical references and index. | Audience:
Ages 6-9 | Audience: Grades 2-3 | Summary: "Elementary-
aged readers will discover how seahorses use camouflage to
hide from predators. Full color images and clear explanations
highlight the habitat, diet, and lifestyle of these fascinating
sea creatures."-- Provided by publisher. Identifiers: LCCN
2022015769 (print) | LCCN 2022015770 (ebook) | ISBN
9781640265929 (library binding) | ISBN 9781682771471
(paperback) | ISBN 9781640007116 (ebook) Subjects: LCSH:
Sea horses--Juvenile literature.
Classification: LCC QL638.S9 B6318 2023 (print) | LCC
QL638.S9 (ebook) | DDC 597/.6798--dc23/eng/20220411
LC record available at https://lccn.loc.gov/2022015769
LC ebook record available at https://lccn.loc.
gov/2022015770

Tabla de contenido

El caballito de mar no es un caballo en absoluto. ¡Es un pez! Hay más de 40 tipos de caballitos de mar y los científicos siguen descubriendo más.

El caballito de mar espinoso (arriba) y el caballito de mar trompudo (derecha) son tan solo dos tipos.

La pequeña aleta en la espalda del caballito de mar aletea hasta 35 veces por segundo.

El cuerpo del caballito de mar es largo y delgado, con aletas pequeñas. Tiene hocico largo y ojos grandes. El caballito de mar usa su larga cola para aferrarse a las plantas marinas o a los corales. Algunos caballitos de mar pueden cambiar de color. Esto los ayuda a camuflarse con el entorno.

corales animales marinos diminutos con cuerpo en forma de tubo

Los caballitos de mar más grandes pueden llegar a medir hasta 13 pulgadas (33 cm) de largo. Los caballitos de mar más pequeños son del tamaño de una abeja. Los caballitos de mar nadan en posición vertical. Esto los hace lentos. Algunos pueden nadar solo unos cinco pies (1,5 m) en una hora.

El caballito de mar pigmeo (derecha) mide unas 1,1 pulgadas (2,8 cm) de largo y el caballito de mar barrigudo (arriba) mide 7 pulgadas (17,8 cm) de largo.

Los caballitos de mar se aferran al coral y a los pastos para no flotar a la deriva.

La mayoría de los caballitos de mar viven en el océano. Les gusta el agua cálida y **superficial**. Muchos viven en zonas con abundante pasto marino. Otros viven en **arrecifes de coral**.

arrecifes de coral crestas de roca en el mar formadas por los esqueletos de los corales

superficial poco profunda

Algunos organismos del zooplancton (izquierda) son tan pequeños que solo se pueden ver con un microscopio.

El caballito de mar come zooplancton. ¡Puede comer más de 3.000 organismos del zooplancton al día! El caballito de mar no tiene dientes. Succiona el zooplancton con su hocico.

zooplancton animales diminutos que flotan en el océano y otros cuerpos de agua

En su bolsa incubadora, el macho guarda los huevos, mientras se transforman en alevines.

El macho, y no la hembra, lleva a los bebés. Los **alevines** se desarrollan dentro de una bolsa en el vientre del macho. El padre puede llevar cientos o miles de crías a la vez. Los alevines recién nacidos son diminutos y casi transparentes. Viven solos. Solo unos cuantos llegan a la edad adulta. Los caballitos de mar viven hasta cinco años.

alevines caballitos de mar bebés

La mayoría de los caballitos de mar viven solos o en pareja. Pero algunos viven en grupos llamados cardúmenes o colonias. Los caballitos de mar no se alejan de donde nacieron.

Durante el invierno, el caballito de mar trompudo puede mudarse a aguas más profundas.

*Los caballitos de mar
del Pacífico son buenos
para esconderse en el
Mar de Cortés.*

El caballito de mar pasa los días aferrado a las plantas o los corales, con su cola. Se queda quieto. Así, los **depredadores**, como peces y cangrejos, no lo ven.

depredadores animales que matan y se comen a otros animales

El caballito de mar es difícil de detectar en la naturaleza. Pero muchos acuarios y zoológicos tienen caballitos de mar. ¡Es divertido ver de cerca a estas inusuales criaturas!

A diferencia de otros peces, el caballito de mar no tiene escamas, pero sí tiene branquias.

Un cuento del caballito de mar

En México, la gente contaba una historia sobre cómo los caballitos de mar se convirtieron en peces. Hace mucho tiempo, todos los animales llevaban ropa. En aquella época, el caballito de mar era un animal terrestre. Un día, les jugó una broma a los demás animales terrestres. Ellos persiguieron al caballito de mar hasta el océano. El caballito de mar se quitó las sandalias, se las amarró al cinturón y saltó al agua. Donde estaban sus sandalias, al caballito de mar le crecieron aletas pequeñas. Así, se convirtió en pez.

Índice